Lb 40
1440

DISCOURS

PRONONCÉ

DANS L'ÉGLISE DE St. EUSTACHE,

Le Mercredi 24 Février 1790,

A l'occasion du Service que le District de LA JUSSIENNE a fait célébrer pour le repos de l'Ame des Citoyens morts en combattant pour la liberté ;

Par M. l'Abbé LE CLERC, Prêtre habitué de Saint Eustache, Aumônier du Bataillon.

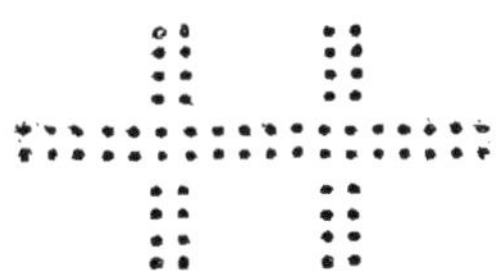

A PARIS,

De l'Imprimerie de PELLIER, rue des Prouvaires, vis-à-vis le Commissaire.

1790.

DISCOURS

PRONONCÉ

DANS L'ÉGLISE DE St. EUSTACHE,

Le Mercredi 24 Février 1790,

A l'occaſion du Service que le Diſtrict de LA JUSSIENNE a fait célébrer pour le repos de l'Ame des Citoyens morts en combattant pour la liberté.

—————

MESSIEURS,

Aſſez, & trop longtems ſans doute, uſurpant ſur la vertu ſimple & modeſte, les honneurs & la célébrité qui n'étoient dus qu'à elle, les grands noms & les titres éminens ont joui ſeuls du privilége injuſte d'attirer & de fixer ſur eux l'attention & les regards ; & tandis que le citoyen eſtimable, qui avoit conſacré, au ſervice de ſa patrie, ſon génie & ſes lumières, deſcendoit dans la tombe, folitaire & à peine honoré des regrets de l'amitié; le cortége nombreux de fes flatteurs accompagnoit encore, après fon trépas, l'homme puissant, dont l'exiftence, prefque toujours ftérile pour l'humanité, en avoit été trop fouvent l'opprobre, & prodiguoit, à fes cendres orgueilleufes, les hommages les plus honteux & les plus ferviles. L'éloquence elle-même, dégradant, par cette proftitution aviliffante, fon origine & fon antique nobleffe, dans des éloges commandés par l'ufage, mais démentis par la vérité, déployoit toutes fes reffources, pour illuftrer, en fubftituant à des vices réels des vertus fictives & imaginaires, des hommes que devoient pourfuivre à jamais l'indifférence, ou même les mépris de la poftérité.

Mais enfin, graces au nouvel ordre de chofes qui vient de s'établir parmi nous, cette longue ufurpation va ceffer. Déjà la main du tems & de la liberté a brifé le piédeftal ridicule, qui élevoit l'homme au-deffus de l'homme. Égaux en droits, le mérite & la vertu pourront feuls, à l'avenir, mettre quelque diftinction entre les citoyens : & celui qui s'énorgueillit d'une longue fuite d'ayeux, n'en mourra pas moins tout entier, fi des vertus perfonnelles ne l'ont rendu d'ailleurs recommandable au pays qui l'aura vu naître ;

tandis qu'au contraire la voix reconnoissante de la patrie bénira, d'âge en âge, & transmettra à la vénération des siècles, le nom du mortel obscur, mais généreux, qui, par des actions d'éclat, aura su conquérir la gloire & son estime.

Ah ! qui méritera jamais plus que vous ce tribut légitime de la reconnoissance & de l'amour? Qui pourra jamais produire des titres plus réels que les vôtres, à nos regrets & à nos larmes, braves François, qui, dans les jours de tumulte & d'orage, que nous avons heureusement passés, avez cimenté de votre sang l'édifice encore nouveau de notre liberté? Victimes du beau zèle qui vous enflamma, immolés par le fer odieux du despotisme, vous êtes tombés dans la carrière de l'honneur : vous y avez péri, il est vrai, mais votre mémoire, à jamais chère aux François, que vous avez sauvés, vivra éternellement dans leurs cœurs ; & le souvenir de votre dévouement héroïque, servira à ranimer, si ce beau sentiment venoit jamais à s'affoiblir dans l'ame de nos derniers neveux, l'amour de la patrie & de la liberté.

Pour acquitter la dette sacrée que la France entière a contractée envers vous, la plupart de vos concitoyens se sont déjà empressés de solliciter pour vous les miséricordes du Très-

Haut. Déjà le facrifice de propitiation, offert plufieurs fois en votre faveur, a défarmé la juftice éternelle ; & fi nous-mêmes, retardés jufqu'ici par des circonftances particulières, nous n'avons pas encore mêlé notre voix à leurs voix religieufes, libres aujourd'hui de remplir ce devoir, également cher à nos cœurs, nous venons à notre tour au pied des autels y im- plorer, pour vous, le Dieu qu'on y adore. Puiffe-t-il accueillir favorablement nos vœux ! & puiffent nos prières obtenir de lui le falut des citoyens courageux, à qui nous devons le nôtre !

Afin d'entrer dans les vues refpectables qui vous ont appelé à cette cérémonie touchante, & pour fatisfaire tout-à-la-fois à la religion & à la reconnoiffance, je vais effayer, Meffieurs, de vous retracer, en peu de mots, ce qne vous devez à ces hommes intrépides, qui ont payé de leurs jours le prix de votre liberté, en vous indiquant auffi ce qui vous refte à faire, pour en fanctifier l'ufage, & en recueillir les fruits.

Rappelons-nous, Meffieurs, eh ! pourrions-nous les oublier jamais ces tems défaftreux, ou, fous un Roi naturellement bon & jufte, mais cruellement trompé, la France entière gémissoit, sous le régime oppresseur, de l'impérieuse & cruelle aristocratie? ces tems où le peuple, accablé d'impôts & compté pour rien dans la distribution des faveurs & des graces, pousssoit inutilement vers le trône (comme un enfant, tyrannisé par des serviteurs infidèles, réclame la justice & la pitié d'un père) des cris toujours interceptés par des hommes barbares, qui cherchoit à perpétuer & sa misère & leurs sacrilèges attentats : ces tems enfin, où, après des déprédations monstrueuses, on craignoit que les agens d'un pouvoir décrédité, n'embrassassent avidement l'affreuse ressource d'anéantir, par un vol authentique, les engagemens sacrés de l'état, & en ruinant une nation entière, de déshonorer, aux yeux de cette nation indignée, des maîtres trop faciles qui les avoient comblés de leurs bienfaits.

Telle étoit la situation de la France à l'époque où, les sources du trésor public étant entièrement târies, le génie inventif & dévorant du fisc, se vit contraint de s'avouer vaincu. Ce bel empire, envié par tous les souverains de l'univers, sembloit pencher vers son déclin. Son commerce languissoit par le défaut de confiance, qui en est l'aliment & la vie ; & si le luxe, qui régnoit encore, déguisoit, sous des dehors brillans, l'indigence réelle de l'état, ses maux n'en étoient pas moins certains, & sa ruine presqu'inévitable.

Dans ces extrémités funestes, un moyen de salut nous restoit encore. Inspiré sans doute par la Providence, & cédant aux sages conseils d'un Ministre honnête homme, que la voix publique avoit rappelé à ses anciens emplois, notre Monarque, cette première & auguste victime des désordres qui s'étoient introduits dans le gouvernement, se hâte d'y recourir. Il invite la Nation elle-même à venir au secours de la Nation, prête à périr. A sa voix paternelle, les Députés de toutes les provinces de la France, viennent se réunir auprès de lui. Déjà leurs mains habiles se disposent à sonder la plaie immense & profonde dont elle étoit frappée. Déjà le peuple, consolé par l'espoir d'un prompt soulagement, & faisant les vœux les plus ardens pour le succès de leurs travaux, commençoit à respirer......; mais nos peines n'étoient pas encore à leur terme; & les ennemis du bien public nous préparoient de nouveaux malheurs.

Effrayés d'une résolution, qui renversoit leurs projets destructeurs, & ne prévoyant que trop qu'un examen sévère alloit éclairer les longs abus qu'ils avoient fait de l'autorité royale, &

peut-être

peut-être les en punir, ils redoublent d'efforts pour en empêcher l'effet. D'abord ils cherchent à femer la divifion entre les différens ordres de l'état, en oppofant à l'intérêt général des intérêts perfonnels, & des prétentions particulières. Trompés bientôt dans leur attente criminelle, & ne voyant plus d'autre parti à prendre que de diffoudre entièrement une affemblée, qu'ils envifagent comme devant entraîner leur perte, ils ont l'audace d'en concevoir l'horrible deffein ; ils fe flattent même de pouvoir le confommer, & de couronner, par ce dernier attentat, tous ceux dont ils fe font déjà rendus coupables. L'ordre eft bientôt furpris : pour en affurer l'exécution, ils déploient l'appareil le plus effrayant du defpotifme & de la tyrannie. De nombreufes cohortes environnent l'augufte enceinte où fe raffemblent les Repréfentans de la Nation, & leur en interdifent l'accès.

Les infenfés ! ils comptoient apparemment, dans leur délire, intimider par-là les mortels généreux à qui la Nation avoit confié le foin de leur falut. Ils ne le connoiffoient encore que par fon génie, ce Français (1), furtout fi juftement

____

(1) M. Bailly, Maire de Paris, & alors Préfident de l'Affemblée Nationale.

célèbre, que l'Affemblée avoit alors choifi pour fon chef & pour fon organe, & qu'en ce moment j'apperçois avec plaifir au milieu de nous. Ils ont appris bientôt à le connoître auffi par fon courage & par fa vertu, lorfqu'ils l'ont vu confervant, dans cette circonftance difficile, toute la majefté qui convenoit à la dignité impofante dont il étoit revêtu, continuer à en exercer les fonctions honorables, malgré les ordres qui les lui défendoient, & fauver ainfi, par fa noble & mâle réfiftance, fa gloire & fa patrie.

Ah ! fans doute que, découragés par cette tentative infructueufe, & honteux d'avoir échoué contre la fermeté d'un feul homme, ils vont déformais laiffer le champs libre aux Reftaurateurs de la félicité publique, & renoncer à leurs injuftes prétentions.... Non, Meffieurs, nous l'efpérerions vainement : non, le defpotifme ne connoît pas la pudeur. Eh ! fi ce fentiment ne lui étoit pas entièrement étranger, le verroit-on tous les jours fouler aux pieds les loix les plus faintes de la religion & de la nature, pour appefantir les chaînes dont il voudroit charger l'univers, & fonder fur le malheur des peuples fon exécrable empire?

Dans l'impuiffance où ils fe trouvent d'anéantir

l'Affemblée Nationale, toute leur rage fe tourne contre ce Miniftre chéri du peuple, qui, le premier, avoit ofé porter fes plaintes aux pieds du trône, & découvrir au Souverain l'état déplorable où la France étoit réduite. Un ami de la juftice & de la vérité, auprès d'un Roi dont l'ame étoit le fanctuaire de ces deux vertus, étoit en effet un adverfaire trop redoutable, pour des hommes corrompus & accoutumés à marcher dans les fentiers tortueux de la politique & de l'intrigue. Leur intérêt exigeoit donc qu'il fût éloigné : hélas ! ils l'éloignèrent.

A la première nouvelle de fon départ, vous le favez, Meffieurs, une confternation générale s'empara des efprits : on eût dit, à voir l'abattement qui régnoit dans cette ville immenfe, que toutes les deftinées particulières étoient attachées à la deftinée de ce grand homme, &, qu'avec lui, alloient difparoître pour jamais de la France, & l'efpérance & le bonheur.

Mais bientôt auffi l'indignation fuccède à la douleur. L'amour de la liberté, ce fentiment qui ne meurt jamais dans le cœur de l'homme, ce fentiment, que réveille prefque toujours en lui l'excès de l'oppreffion & de l'injuftice, commence à faire entendre fa voix énergique au fond des cœurs. A ce motif, déjà fi puiffant par lui-même, se joint encore le motif non moins puissant de sa propre défense & de sa conservation. On parle de complots ténébreux prêts à s'exécuter. On a vu des troupes nombreuses s'avancer vers la capitale, & l'environner de toutes parts. Déjà même des guerriers sacrilèges ont osé violer l'asyle des Rois, & leur audace a jeté, dans l'ame des citoyens paisibles, l'épouvante & l'effroi. Alors, tout s'émeut, tout s'arme. Livrés à toutes les exagérations de la crainte, les citoyens de tout âge & de tout état, volent par-tout où le danger public les appelle : ils s'apprêtent à repousser la force par la force, déterminés à défendre, au péril de leurs jours, leurs foyers & leurs murs.

Grand Dieu ! que nous annoncent ces tristes préparatifs ? Allons nous donc voir renaître ces jours de discorde & d'horreur, où les François, égarés par le fanatisme, se baignoient, sans remords, dans le sang des François ? La guerre civile va-t-elle donc encore une fois remplir le royaume de carnage & de crimes? Ah! Messieurs, bénissons la Providence, qui a daigné nous garantir d'un aussi grand malheur, & rassurons-nous en voyant ces guerriers, accoutumés jusques-là à une obéissance aveugle, refuser tout-à-coup de prêter leurs bras à ceux qui réclamoient leur appui ! C'eſt envain qu'on les excite par des promeſſes ; c'eſt envain qu'on les menace de toute la rigueur d'une diſcipline inflexible, s'ils perſiſtent dans leurs refus. Le même patriotiſme, qui les avoit armés, les déſarment à leur tour : & quand tous les citoyens ſont devenus ſoldats pour la cauſe publique, pour la même cauſe tous les ſoldats deviennent autant de citoyens, & il ne reſte à nos ennemis que la honte & le déſeſpoir.

Ainſi commença à s'opérer, Meſſieurs, la révolution étonnante, dont vous avez été les inſtrumens & les témoins ; mais ſi le premier pas, que nous avions fait vers la liberté, n'avoit été ſignalé par aucun déſaſtre, il étoit écrit dans les décrets éternels, que le nouveau ſuccès, que nous devions bientôt obtenir, nous coûtcroit & du ſang & des larmes.

Il exiſtoit, au ſein de Paris même, une fortereſſe antique, défendue par une artillerie formidable, & contre laquelle, dans les tems de trouble, tout l'art de la guerre avoit fait conſtamment d'inutiles efforts : c'étoit la Baſtille. Ce nom, alors ſi redouté, vous rappelle, Meſſieurs, ce monument déteſté, renverſé depuis par vos mains, dont l'aſpect ſeul inſpiroit l'effroi, & dans l'enceinte duquel languiſſoient les in

fortunées victimes du despotisme ministériel.
Malheur à celui que la haîne de l'homme puissant
y tenoit renfermé ! (Eh! qui pouvoit ne le pas
craindre ce malheur, puisqu'un mot imprudent,
une vérité même, trop fortement exprimée, &
contraire aux intérêts d'un homme en place,
suffisoit pour l'y conduire ?) Il soupiroit inutilement après les consolations de l'amitié &
de la nature, qui souvent ignoroient jusqu'à son
existence. Condamné aux privations les plus
sensibles, étranger même aux compagnons de
sa captivité, avec lesquels toute société lui étoit
interdite, il voyoit ses jours s'écouler dans la
solitude la plus triste, & dans l'abandon le plus
accablant. Inutilement, dans l'excès de son dé-
sespoir, invoquoit-il là justice, il n'y avoit
pour lui d'autre justice à espérer, que la volonté
de ses persécuteurs : & si quelquefois leur vengeance, enfin satisfaite, consentoit à lui rendre
la liberté, (tant les cruels redoutoient qu'on
ne fût instruit de leurs attentats,) il falloit
encore qu'il s'engageât, par serment, à ne rien
révéler de ce qu'il avoit vu dans ces horribles
lieux : & ce serment injuste, que lui arrachoit
toujours l'envie d'en sortir, il le gardoit fidé-
lement dans la crainte d'y rentrer.

Et c'étoit en ton nom, Monarque humain

[15]

& bienfaifant, qu'on exerçoit contre tes fujets ces vexations odieufes & arbitraires ! Et ce nom refpectable, des hommes pervers le profanoient tous les jours en le chargeant de leurs propres iniquités. Ah ! fans doute tu les en aurois puni toi-même, si tu avois pû les connoître ! mais ils fermoient avec trop de foin les avenues qui conduifoient au trône, & les fanglots de l'opprimé ne parvenoient pas jufqu'à toi.

La Baftille étoit donc encore au pouvoir de nos ennemis. Ils efpéroient, en confervant cette fortereffe, dominer du haut de fes tours fur la ville entière ; ou que du moins le peuple, en s'obftinant à s'en rendre maître, fe confumeroit en impuiffans efforts, & leur donneroit le tems de raffembler de nouvelles forces & de le faire rentrer dans les fers qu'il avoit brifé.

Mais ils ne la conferverent pas longtems cette cruelle efpérance ! Le courage & l'impétuofité de nos vengeurs eurent bientôt diffipé l'illufion qui les flattoient encore. Sur le refus qu'on fait de leur en ouvrir les portes, les citoyens, que l'amour de la gloire avoient appelé à cette conquête périlleufe & jugée jufqu'alors impoffible, fe préparent à obtenir par la force une entrée dans la place : vainement, pour les écarter, l'airain foudroyant a-t-il tonné du haut des remparts ; vainement plufieurs d'entre eux font-ils tombés fous les coups de l'ennemi. Ce fpeĉacle, bien loin de la ralentir, ne fait qu'accroître leur ardeur, en les excitant à la vengeance ; ils s'expofent fans précaution & fans ménagement. Déjà, à travers les feux & la mort, ils font arrivés au pied des murs : ô fuccès inefpéré ! tout cède à leurs coups ; ils pénètrent dans l'intérieur de la place, & on entend retentir du cri de la liberté ces vaftes tours où régnoit peu auparant le filence morne & profond de l'efclavage & de la terreur. Dans l'ivreffe de leur triomphe, ils fe fou-viennent qu'ils ont combattu pour la liberté, & leur premier foin eft d'arracher à l'horreur des cachots les malheureux qui les habitoient, & qui, rendus au jour qu'ils ne croyoient plus revoir, baifoient, dans leur tranfport, & mouil-loient des larmes de la reconnoiffance, les mains de leurs généreux libérateurs.

Ce fut alors, Meffieurs, que nous dûmes nous regarder comme vraiment libres, & que le defpotifme dût fentir que fon empire étoit détruit fans retour.

Mais quelles actions de graces ne devons-

nous

nous pas rendre aux héros qui ont remporté cette étonnante victoire ? par quelles récompenses reconnoitrons-nous le service signalé qu'ils nous ont rendu ? Ah ! qu'ils soient à jamais distingué parmi nous ! que l'admiration de leurs concitoyens soit le digne prix de leur courage ; qu'ils en jouiffent tant qu'ils vivront, & que cette glorieufe entreprife, dont l'honneur infpira l'idée, soit auffi payée par l'honneur ! C'eft le feul falaire qui convient à des cœurs françois.

Pour vous qui avez fuccombé dans ce combat mémorable, & qui ne jouirez point de la gloire que vous avez fi légitimement acquife ; nous ne nous contenterons pas de rendre à votre mémoire les honneurs qui lui font dus, nous avons de plus à remplir envers vous un devoir touchant & facré. Hélas ! plufieurs d'entre vous étoient époux & pères. En vous expofant pour la patrie, vous avez efpéré, fans doute, que, fi la mort vous moiffonnoit, & privoit par conféquent les objets de votre affection des reffources qu'ils trouvoient dans vos travaux journaliers & ordinaires, la générofité de vos frères viendroit au fecours des familles défolées que vous n'abandonniez que pour les défendre ; & pleins de cette jufte confiance, vous les leur avez léguées dans vos derniers inftans. Eh bien ! braves François, cette noble confiance ne fera pas trompée ; la Nation acceptera, avec reconnoiffance, ce legs également honorable & pour elle & pour vous ; elle remplira religieufement les obligations que vos dernières volontés lui impofent. Eh ! pourroit-elle, en effet, refufer fes bienfaits à celui qui les réclame au nom d'un de fes défenfeurs, immolés pour elle ?

Vous avez reconnu, je n'en doute pas, Meffieurs, dans le tableau rapide que je viens de tracer de la révolution qui a changé, prefqu'en un inftant, la face de cet empire, l'ouvrage du Tout-Puiffant, dont la volonté fuprême dirige tous les événemens de l'univers. Vous êtes chrétiens ; par conféquent, je n'entreprendrai pas de vous démontrer, ce dont vous êtes convaincus comme moi, que votre liberté eft une faveur de la Providence : mais ce qu'il eft effentiel de vous faire remarquer, c'eft que plus cette faveur eft précieufe, plus vous devez auffi craindre de la perdre, & de vous égarer dans l'ufage que vous pourrez en faire ; car la liberté elle-même a fes dangers & fes écueils, & ils ne font pas moins à redouter que les fureurs du defpotifme & de la tyrannie. Eh ! j'en appelle

à vous-même; n'eſt-ce pas pour en avoir mé-
connu les juſtes bornes qu'on a vu, & qu'on
voit même encore aujourd'hui, des hommes
qui, s'abandonnant aux tranſports de la licence
la plus effrénée, vont ſemer dans les provinces
la terreur & l'effroi; qui, comme ſi la nobleſſe
étoit un crime par elle-même, & comme ſi la
liberté conſiſtoit à violer les propriétés d'au-
trui, ravagent, ſous le prétexte de prévenir des
complots chimériques, mais plus ſouvent pour
ſatisfaire des animoſités réelles, les poſſeſſions
des nobles, livrent leurs habitations aux flam-
mes, & pouſſent même la barbarie juſqu'à atten-
ter à la vie des hommes : déshonorant, par des
excès auſſi cruels, le nom, jadis adoré, des François; & nous faiſant perdre dans l'Europe la
réputation ſi honorable que nous nous étions
acquiſe, d'être le peuple le plus ſenſible & le
plus doux de l'univers.

Hommes cruels ! ſi la religion parloit encore
à vos cœurs, vous comprendriez bientôt que,
bien loin d'autoriſer toutes ces horreurs & de
légitimer des vengeances illégales & précipitées,
la vraie liberté conſiſte à vivre ſoumis aux loix,
à jouir en paix & ſous leur protection des biens
que l'on poſſède, en reſpeċtant également la
fortune & le repos des autres.

Oui, Meſſieurs, c'eſt la religion ſeule qui doit vous ſervir de guide; c'eſt elle qui, en nous rappelant ſans ceſſe ce que nous devons à Dieu, à l'État & à nous-mêmes, ſaura nous diriger ſûrement dans l'uſage de notre liberté, & nous garantir des abus que nous pourrions en faire. La religion! elle eſt pour le cœur de l'homme ce qu'eſt le ſoleil pour la nature; elle le vivifie & fait germer dans ſon ſein toutes les vertus qui, privées de ſon influence céleſte, meurroient bientôt étouffées par les paſſions; comme la nature elle-même languiroit, ſi elle ceſſoit un inſtant d'être échauffée par les rayons bienfaiſans de l'aſtre du jour. Nulle inſtitution humaine ne peut remplacer la religion; la religion, au conntraire, peut ſeule les remplacer toutes : jamais donc elle ne nous fut plus néceſſaire que dans ces circonſtances, où les loix anciennes de la monarchie, ayant perdu beaucoup de leur première autorité, & où les loix nouvelles que nous préparent les Repréſentans de la Nation n'étant pas encore promulguées, elle ſeule peut remplacer celles qui ne ſont déjà plus, & ſuppléer à celles qui ne ſont point encore.

Qu'elle nous ſoit donc toujours chère, Meſſieurs, cette religion ſainte; fortifions par elle les liens du patriotifme, qui nous uniffent étroitement les uns aux autres; que ce patriotifme fe fanctifie & s'épure au feu facré de nos autels, & n'oublions jamais qu'on eft toujours citoyen d'autant meilleur, que l'on eft chrétien plus parfait.

Mais auffi, Meffieurs, fi nous fommes fidèles à fa voix, & fi nous n'apportons pas nous-mêmes d'obftacles à notre propre bonheur; quel flatteur avenir vient s'offrir à nos regards! & déjà notre liberté eft hors de toute atteinte; car, que pourroient déformais contre elle les trames & les complots de nos ennemis les plus acharnés, quand, à la tête de notre milice citoyenne, nous voyons ce héros (1), défenfeur intrépide de la liberté des deux mondes, qui réunit la prudence au courage, la douceur à la fermeté ; qui, quoique d'un fang illuftre, peut fe paffer de l'éclat qu'il a reçu de fes ancêtres, & à qui, pour être un grand homme, il fuffit de fa propre gloire ? Qui oferoit encore rien entreprendre contre nous, lorfque notre Monarque vient de faire la démarche la plus décifive & la plus folemnelle ; lorfqu'il vient de

____

(1) M. le marquis de la Fayette, Commandant général.

promettre de défendre, de toute son autorité & de tout son pouvoir, le grand œuvre de notre régénération politique ? Vous l'avez vu, Meſſieurs, & le ſouvenir de ce beau jour ſera à jamais conſigné dans nos faſtes, vous l'avez vu au milieu de l'Aſſemblée nationale, maniſeſter, avec la ſimplicité noble qui le caractériſe, les ſentimens du plus tendre & du meilleur des pères ; inviter, au nom de l'honneur & de la patrie, tous ſes ſujets à la concorde & à l'union. Vous les avez recueilli avec un attendriſſement religieux, ces paroles ſi touchantes échappées à ſon cœur, & qu'il accompagnoit de ſes larmes, lorſqu'en parlant des François il s'écrioit : *Ce bon peuple dont on m'aſſure que je ſuis encore aimé, quand on veut me conſoler de mes peines.*

O mon Roi, ô digne ſucceſſeur des Louis XII & des Henri IV, dont tu nous retraces les vertus populaires, ah ! puiſque l'amour de ton peuple peut faire encore ta conſolation & ta félicité, non, je te l'annonce ici avec confiance, non, tu ne ceſſeras jamais d'être heureux, car tu ne ceſſeras jamais d'être aimé !

Bientôt auſſi, graces aux travaux aſſidus des

Repréſentans de la Nation, nous verrons s'ache-
ver cette conſtitution nouvelle, qui doit aſſurer
pour toujours le bonheur & la paix de la France.
Alors auſſi, avec le calme & la tranquillité qui
en feront les premiers fruits, renaîtra la proſpé-
rité publique; le crédit & le commerce, dont les
malheurs du tems avoient ſuſpendu l'activité,
reprendront une vie nouvelle : les abus & les
préjugés, qui avoient excité nos réclamations, feront anéantis. Déjà même n'exiſte plus ce préjugé
barbare, auſſi contraire à la religion qu'à l'humanité, qui enveloppant une famille innocente dans
la condamnation d'un coupable, l'aſſocioit en
quelque ſorte à ſon ſupplice, & frappoit de
l'anathême toujours ſi terrible de l'opinion, des
générations qui n'étoient point encore. Enfin,
ſous la domination équitable & douce d'un
prince ami du peuple & de la juſtice, on verra,
je l'eſpère, la France s'élever au plus haut degré
de ſplendeur où ſoit jamais parvenu aucun empire; ceux d'entre nous que des craintes trop
bien juſtifiées par des excès répréhenſibles avoient
forcé de s'exiler de leur patrie, s'empreſſeront d'y
rentrer dès qu'ils la verront paiſible; & l'étranger lui-même, opprimé dans la ſienne, nous
apportant le tribut de ſon induſtrie & de ſes travaux, viendra un jour chercher un aſyle au mi-

lieu de nous, & respirer sur nos bords l'air salu-
taire & pur de la liberté.

Réalisez, ô mon Dieu, ces douces & chères
espérances : c'est de votre toute-puissance que
dépendent nos destinées futures ; & vainement
formerions-nous des projets de bonheur, si vous
ne nous aidiez à les accomplir. Daignez donc
nous être favorable ; sur-tout conservez-nous
longtems, (& cette grace, de toutes celles que
nous attendons de votre bonté, ne sera pas la
moins précieuse,) conservez-nous longtems le
Monarque sensible que vous nous avez donné ;
faites qu'il jouisse longtems du spectacle si inté-
ressant pour son cœur de nos respects & de notre
amour, comme la France entière jouira longtems
& avec délices de sa tendresse & de ses bienfaits.
Faites aussi, ô mon Dieu, que la religion & les
mœurs gagnent à la révolution que vous avez
opérée parmi nous. Et puisse cette heureuse révolution, en nous faisant remonter au rang
d'hommes libres dont nous étions déchus, nous
rendre en même tems plus vertueux & plus
sensibles. AINSI SOIT-IL.

www.ingramcontent.com/pod-product-compliance
Ingram Content Group UK Ltd.
Pitfield, Milton Keynes, MK11 3LW, UK
UKHW021044120726
13693UKWH00006B/2407